This Action Book Belong To

____

My Toy Story Action Book - ISBN: 9781797754789

© My Toy Story Action Book. All rights reserved. No part of this publication may be reproduced, distributed, or transmitted in any form or by any means, including photocopying, recording, or other electronic or mechanical methods, without permission of the publisher, except in case of brief quotations embodied in critical reviews an certain other noncommercial uses permitted by copyright law.

My Toy Story

My Toy Story

My Toy Story

My Toy Story

My Toy Story

My Toy Story

My Toy Story

My Toy Story

My Toy Story

My Toy Story

My Toy Story

My Toy Story

My Toy Story

My Toy Story

My Toy Story

My Toy Story

My Toy Story

My Toy Story

My Toy Story

My Toy Story

My Toy Story

My Toy Story

My Toy Story

My Toy Story

My Toy Story

My Toy Story

My Toy Story

My Toy Story

My Toy Story

My Toy Story

My Toy Story

My Toy Story

My Toy Story

My Toy Story

My Toy Story

My Toy Story

My Toy Story

My Toy Story

My Toy Story

My Toy Story

My Toy Story

My Toy Story

My Toy Story

My Toy Story

My Toy Story

My Toy Story

My Toy Story

My Toy Story

My Toy Story

My Toy Story

My Toy Story

My Toy Story

My Toy Story

My Toy Story

My Toy Story

My Toy Story

My Toy Story

My Toy Story

My Toy Story

My Toy Story

My Toy Story

My Toy Story

My Toy Story

My Toy Story

My Toy Story

My Toy Story

My Toy Story

My Toy Story

My Toy Story

My Toy Story

My Toy Story

My Toy Story

My Toy Story

My Toy Story

My Toy Story

My Toy Story

My Toy Story

My Toy Story

My Toy Story

My Toy Story

My Toy Story

My Toy Story

My Toy Story

My Toy Story

My Toy Story

My Toy Story

My Toy Story

My Toy Story

My Toy Story

My Toy Story

My Toy Story

My Toy Story

My Toy Story

My Toy Story

My Toy Story

My Toy Story

My Toy Story

My Toy Story

My Toy Story

My Toy Story

My Toy Story

My Toy Story

My Toy Story

My Toy Story

My Toy Story

My Toy Story

My Toy Story

My Toy Story

My Toy Story

My Toy Story

Get More Enjoyable Books at ISYAIAS.com

www.ingramcontent.com/pod-product-compliance
Lightning Source LLC
Chambersburg PA
CBHW080348030726
47598CB00009B/2673